BEI GRIN MACHT SICH IHR WISSEN BEZAHLT

AF151372

- Wir veröffentlichen Ihre Hausarbeit,
  Bachelor- und Masterarbeit

- Ihr eigenes eBook und Buch -
  weltweit in allen wichtigen Shops

- Verdienen Sie an jedem Verkauf

Jetzt bei www.GRIN.com hochladen
und kostenlos publizieren

Gebhard Deißler

Der Lernprozess der Menschheit

GRIN Verlag

Bibliografische Information der Deutschen Nationalbibliothek:

Die Deutsche Bibliothek verzeichnet diese Publikation in der Deutschen National-
bibliografie; detaillierte bibliografische Daten sind im Internet über http://dnb.d-
nb.de/ abrufbar.

Impressum:

Copyright © 2013 GRIN Verlag GmbH
Druck und Bindung: Books on Demand GmbH, Norderstedt Germany
ISBN: 978-3-656-56608-3

Dieses Buch bei GRIN:

http://www.grin.com/de/e-book/215139/der-lernprozess-der-menschheit

GRIN - Your knowledge has value

Der GRIN Verlag publiziert seit 1998 wissenschaftliche Arbeiten von Studenten, Hochschullehrern und anderen Akademikern als eBook und gedrucktes Buch. Die Verlagswebsite www.grin.com ist die ideale Plattform zur Veröffentlichung von Hausarbeiten, Abschlussarbeiten, wissenschaftlichen Aufsätzen, Dissertationen und Fachbüchern.

Besuchen Sie uns im Internet:

http://www.grin.com/

http://www.facebook.com/grincom

http://www.twitter.com/grin_com

Transcultural Management

Gebhard Deißler D.E.A./UNIV. PARIS I

DER LERNPROZESS DER

MENSCHHEIT

CULTURE   RESEARCH

KULTUR FORSCHUNG

RECHERCHE CULTURE

BÚSQUEDA CULTURAL

RICERCA   CULTURALE

跨文化的智慧精髓

Uтранскультурная

Interkulturelles- u. Transkulturelles Management (German)

Intercultural &Transcultural Management (English)

Gestion Interculturelle et Gestion Transculturelle (French)

Gerencia Intercultural y Gerencia Transcultural (Spanish)

Gerência Intercultural e Gerência Transcultural (Portuguese)

跨文化的智慧精髓 - kua wen hua de zhi hui jing sui (Chinese)

транскультурная компетенция - transkulturnaja
kompetencija (Russian)

toransukaruchā　・ manējimento (Japanese)
トランスカルチャー　・　マネジメント

Vishua Chaytana (Sanskrit)

Ein Lernprozess der Menschheit

Vom eingebildeten Staub zur Verwirklichung

Der Mensch in all seiner Glorie ist eingebildeter Staub, den das Gras einst verhöhnt und über den selbst die Ameise triumphiert, wenn er seinen Weg des Lern- und Entwicklungsprozesses als menschliches Wesen nicht geht. Er ist, wie alles Zeitliche, Luftgespinst und Windhauch, dem nur ein kurzes Rendezvous mit seinen Mitgeschöpfen auf dem Planeten Erde, dem sein physisches Wesen entstammt - Adam, der erste Mensch heißt ja gewissermaßen Mensch aus Erde – beschieden ist. Seine schemenhafte Kurzlebigkeit, die sogar Bäume und Tiere übertreffen, lässt ihm nicht allzu viel Zeit zum Lernen des Wesentlichen. Deshalb muss er sich bemühen, seine Lektion zu lernen, um seine Tage nicht gänzlich vergeblich auf dieser Erde gefristet, sondern sie genutzt zu haben.

Doch wie lernt man seine Lektion und wie nutzt man die Zeit, sodass der Aufenthalt auf diesem Planeten für Individuen und Gesellschaft nicht zum Drama verkommt und er gar nicht über das Leben an der Oberfläche in die Fülle und den Reichtum seiner Tiefe vordringt, wo es mehr Sinn zu machen scheint. Wie kann er die Natur des im Untertitel oben erwähnten eingebildeten Staubes transzendieren? Gibt es überhaupt eine Alternative und eine Möglichkeit der Bewendung dieses unabwendbaren Schicksals alles Zeitlichen, inklusive im Bereich seines vermeintlichen Herrschers, nämlich des Menschen?

Wer befasst sich schon gern mit der Endlichkeit des Seins, das sich weder das Unendliche, noch das Endliche vorzustellen vermag und somit auch wohl kaum seine Mitte als Wesen finden kann, aus der er in andere Bereiche der Erkenntnis und der Selbsterkenntnis, die diese Condition Humaine transzendieren, vorstoßen kann und die ihn eines Bereiches gewahr werden lassen können, der jenseits des Staubes der Erde auf ihn wartet, von dem er kommt und wohin er als irdisches Wesen zurückkehrt.

Lernen und sich entwickeln sind somit ein Weg im Hinblick auf die Transzendierung der erdhaften Bedingungen und Limitationen seines Daseins. Sie sind eine Frage des Seins und des Nichtseins im wahrsten Sinne des Wortes. Doch das materielle Lernen allein ist nur eine Seite der Medaille, die ihn in seiner irdischen Natur des Zeitlichen eher gefangen hält, während die Kehrseite des Lernens, der unsre säkularisierte Kultur stets weniger Wert - mit den bekannten verheerenden Folgen - beimisst, die Königsstraße im Hinblick auf die Befreiung aus den unentrinnbaren Fängen des Zeitlichen ist.

Es ist von eminenter Bedeutung für Individuen und Gesellschaften, um ihrer Permanenz und Integrität willen, die Komplementarität diverser Aspekte menschlichen Lernens zu erkennen. Sie ist der Garant wahren Lernens zum Wohle des Menschen statt für seine Versklavung, die sein schemenhaftes Rendezvous in der Zeit und im Raum zusätzlich erschwert und ihn hin und wieder, aufgrund der Unerträglichkeit dieses aussichtslosen Daseins, das im Nichts zu enden scheint, dem es vermittels des Staubes entstammt, zu Konflikten und Holocausts treibt, da es ja sowieso keine Verbindlichkeiten über den vergänglichen Horizont des Staubes hinaus zu geben scheint.

Der Mensch wird als ein lernendes Wesen bezeichnet. Doch gilt es zwischen technischer und psychologischer Lernfähigkeit zu unterscheiden. Hegel erkennt, dass man aus der Menschheitsgeschichte lernen kann, dass der Mensch nichts aus ihr lernt. Ein anderer Weiser nuanciert von einer moderneren Warte, dass man technologisch zwar auf dem Mond, psychologisch hingegen aber noch in der Höhle sei. Und da die Quasi-Totalität menschlicher Probleme Beziehungsprobleme sind ist eben gerade der Sachverhalt, dass der Mensch psychologisch keine essentiellen Fortschritte gemacht hat, jenes Problem, dass ihm stets einen Strich durch die Rechnung macht und alle seine technischen Lernprozesse und deren Artefakte mit steter Regelmäßigkeit zerstört, insbesondere durch intra- und interkulturellen Konflikt.

Wir befinden uns in einer lernenden Gesellschafft, doch scheint alles Lernen immer nur noch im wesentlichen auf das einseitige technische Lernen ausgerichtet zu sein. Von den Bildungssystemen ist daher kein essentielles Lernen zu erwarten. Neben den Bildungssystemen sind da noch die Religionen, die seit Jahrtausenden als Lernprozesse der Menschheit intendiert waren. Doch auch sie sind bis zum heutigen Tag, trotzt der Androhung der ewigen Verdammnis im Falle des Ungehorsams gegenüber der Lehre, dabei gescheitert, einen fundamentalen Lernprozess des Menschen in Bezug auf seine Mitmenschen und die Umwelt auszulösen und zu vollenden. Im Gegenteil, sie sind als intra- und interreligiöse Religionskriege ein Teil des Problems, statt dessen Lösung geworden. Die säkularen Ideologien kennen nur den Kampf der Systeme, auch wenn einige versuchen, aus der Konvergenz der Ideologien eine neue Ideologie zu kreieren. Auch sie folgen der Logik der Dialektik der Ideologien. Andere sagen, alle Systeme sind menschliche Konstrukte und müssen enden, damit eine echte Revolution des Bewusstseins stattfinden kann, die die Probleme der bekannten Systeme transzendiert.

Nichts Neues, eine ewige Wiederkehr alter Probleme in neuer Form! Und wenn der Mensch diesen Sachverhalt nicht mehr ertragen kann oder will, dann findet er einen Vorwand, um alles zu zerstören und das Alte dann in veränderter Gestalt fortzuschreiben, was ihm die Illusion von etwas Neuem vermittelt und eine gewisse Hoffnung und einen Glauben an eine besserer Zukunft auslöst. Es geschieht also rein garnichts und Kulturen und Zivilisationen werden wieder und wieder zu Staub und

Asche, während der Mensch offenbar konstant bleibt, was seine Tendenzen und Verhaltensweisen angeht. Sie sind offenbar im wesentlichen nur peripher veränderlich, nicht aber in ihren Grundeigenschaften. Deshalb ist es nicht überraschend dass die Bibel in ihrer höchsten, überzeitlichen Erkenntnis alles als Windhauch und Luftgespinst bezeichnet und der Zen Buddhismus das Nichts, das er bei seiner Versenkung in das Sein erkennt, zelebriert.

Asiatische Religionen suchen aus diesem Schicksalsrad des Menschen durch die Negierung alles diesseitigen Menschlichen zu entrinnen und sich dadurch zu erlösen. Die christliche Heilslehre glaubt an die Erlösung durch Jesus Christus und sein Erlösungswerk. Doch essentiell gelernt, sodass sich die Welt verändern würde, hat man weder in den einen noch den anderen Zivilisationen und Kulturen.

Aufgrund dieser Tatsache ist es nicht überraschend, dass der Existenzialismus nach Jahrtausenden dieser Erfahrung der Ausweglosigkeit Fuß fassen und eine Philosophie des Ekels und der Verzweiflung an diesem Leben bewirken konnte.

Heute stürzen sich Menschen in Konsumrausch und Sexismus, die sie betäuben, sodass sie die wahrgenommene Aussichtslosigkeit und Leere füllen und ihnen somit darüber hinweghelfen mögen, bevor der Staub sie einholt. Und jede Generation und Zivilisation wird versuchen, ihre eigenen Luftgespinste zu schaffen und ihnen zur Überbrückung der Leere huldigen bis auch sie allem Zeitlichen anheimfallen.

Wie ist es möglich, dass Staub, bzw. die menschliche Substanz, aus der der Mensch gemacht ist, so lernunwillig im fundamentalen Sinn ist, obwohl der Mensch unzählige Male dieselbe Erfahrung des Entstehens aus und der Rückkehr zum Staub gemacht hat. Alle Information ist doch schließlich vorhanden und stirbt nicht mit dem Staub. Sie bleibt potentiell abrufbar und nutzbar. Doch der Mensch verweigert diese Information über seine eigene Begrenztheit. Er kann sie offenbar kaum denken und in sein Handeln miteinbeziehen, um es zu relativieren, zeitlich wie auch substanziell. Seine Staub- oder Sandburgen, die er baut, zerrinnen und er fügt sie stets wieder zu neuen Sandburgen zusammen, ohne zu erkennen, dass er über die Konfigurationen des Sandstaubs hinaus nichts Neues bewirken kann, nichts Neues unter der Sonne. Nichts passiert, alles kommt vom Staub und kehrt nach Transformationen wieder dorthin zurück.

Doch es ist vielleicht gerade diese totale Nichtigkeit und sein Ausgeliefertsein an die Unabwendbarkeit des Schicksals des Staubes, das ihn zu Leistungen anspornt, um diese Ausweglosigkeit zu überwinden und seine Leere mit Artefakten zu füllen, die ihn dieses vergessen machen, solange eben, bis ihn sein Wesen der Beschaffenheit aus Staub und seines dorthin Zurückkehren-Müssens wieder einholt.

Ein großer Teil der menschlichen Kultur ist damit befasst, ihn über die aussichtslose Leere hinwegzutrösten und ihn diese vergessen zu lassen. Sie zielt nur auf den Versuch ab, sich angesichts der Impermanenz seines Seins eine Illusion der Permanenz zu verschaffen. Vielleicht sind seine Tendenzen, relationale Probleme zu erzeugen, selbst wenn er ihnen schließlich selbst zum Opfer fällt, auch nur ein Bemühen um die Illusion der Permanenz des Seins. Die relationalen Probleme geben ihm die Illusion der Überwindung der Leere und der Erlangung einer Permanenz des Seins. Und je mehr er sich da hineinbegibt, scheint ihm eine umso größere Pseudoerfahrung der Erfüllung und des Seins beschieden zu sein. Und deshalb hat er kein Interesse an einer Bereinigung seiner relationalen Probleme und am Frieden, weil die Probleme ihm das Gefühl des Seins und dessen Permanenz vermitteln und ihr Nichtvorhandensein ihm dieses entziehen würden. Da er aber das Nichtsein mehr als alles fürchtet, will er seine relationalen Probleme nicht missen. Er will diesbezüglich nicht lernen, weil sie Teil seiner Existenzbewältigung sind. Und nicht überraschenderweise vermitteln Krisen und Kriegserfahrungen daher auch eine besonders starke Seinserfahrung, in der die Impermanenz des Seins total ausgeblendet wird. Ebenso ist es mit Grenz- und Spitzenerfahrungen im Sport, sowie anderen Bereichen, wie beispielsweise der technisch-wissenschaftlichen

Entwicklung. Je zerstörerischer und riskanter, desto mehr vermitteln sie ihm die Erfahrung des Seins und seiner Permanenz.

Er vergisst sein wahres Schicksal, indem er eine intensive Pseudorealität kreiert, die ihm eine Seinserfahrung im Nichtsein vermittelt. Und alles scheint ihm recht zu sein, wenn es um die Kreierung einer die Impermanenz transzendierenden Pseudorealität geht. Je extremer, desto mehr erfüllt sie ihren Zweck. Und wenn die Bedrohung durch die Leere und die Impermanenz unerträglich wird, dann muss er sie durch die Artefakte der Pseudorealität überwinden. Und da liegt das unumgängliche interpersonale und intergruppen Wesen des Menschen am nächsten. Hier kann er sich zu jederzeit zum Nulltarif bedienen, um sich Seinserfahrungen aufgrund seiner Angst vor und der Verweigerung des Nichtseins zu vermitteln. Der Konflikt bereitet ihm somit eine intensive Seinserfahrung, die er sogar dem Frieden vorzuziehen scheint. Daher ist er nicht gewillt, ihn zu beenden. Dies jedoch scheint er intuitiv gelernt zu haben.

Und da er sich wenige Alternativen zu dieser induzierten Seinserfahrung vorstellen kann, bleibt er in ihrem Bann, denn des Sexismus, der technischen Artefakte und des Superkonsumententums wird er gleich einem Übergenuss süßen Honigs alsbald überdrüssig und kehrt zu seinem kulturunabhängig konfliktbefrachteten Sozialverhalten als Lösungsweg für sein existenzielles Problem zurück.

Ein menschlicher Lernprozess bestünde aber vielleicht auch darin, alternative Wege der Erfüllung der Leere und der Überwindung der Impermanenz des Seins zu finden und sein existenzielles Problems des Ekels vor der Begrenztheit des Seins auf sozialverträglichere Art zu lösen.

Mit anderen Worten, der Mensch muss lernen, auf dem Wege des Friedens- und der Transzendenz die Erfahrung der Überwindung der Leere, Begrenztheit und Impermanenz zu machen. Sie erzeugt einen Frieden, der anstelle des relationalen Konfliktes die Limitation und das Bedürfnis nach Permanenz strukturell befriedet, sodass die Konflikterfahrung als Bewältigung der Impermanenz nicht mehr erforderlich ist.

Der Lernprozess wäre somit das Entdecken eines neuen Weges der Bewältigung der Impermanenz. Er bestünde also nicht in der Erfindung von etwas Neuem, sondern in der Substitution eines für einzig möglich gehaltenen Weges der Erlösung von der menschlichen Bedingtheit durch einen anderen, der aber keinen sozialen und individuellen Kollateralschaden mit sich bringt. Der Mensch kann die Leere und Impermanenz durchaus mit individual- und sozialverträglichen Inhalten füllen, die ihm den Ekel vor der Limitation konfliktfrei nehmen. Er muss ihn nicht auf Kosten der Mitmenschen und seiner selbst bereinigen.

Es gilt also, alternative Werte für die Erlösung von der Hässlichkeit des Seins zu erkennen und sie zu praktizieren. Die Transzendenz der Religionen und der Frieden, die die Leere unendlich erweitern bis hin zur Erfahrung des Ganzheit der Existenz - also eine Erweiterung des begrenzten Bewusstseins - können, mehr noch als Konflikt und Grenzerfahrungen, eine intensive Erfahrung der Permanenz und der Transzendierung der Limitation der Seins vermitteln. Hier gibt es keine Grenzen. Und in dieser Unbegrenztheit von einem Horizont zum nächsten vermag er einer ihn erfüllenden Fülle gewahr zu werden, die alle seine Vorstellungen übersteigt, ohne soziale Kollateralschäden zu verursachen.

Der menschliche Lernprozess wäre also eine Frage der kreativen Identifikation zeitloser alter und somit neuer Werte, die ihm eine konfliktfreie Verhaltensverkettung ermöglichen, während sie ihm eine intensive Erfahrung der Permanenz vermitteln, jenem Motiv, das all seine Pseudorealitäten bewirkt hat. Und die Identifikation der neuen Werte ist gewiss nicht weniger real, aber zumindest weniger zerstörerisch, als seine als einzige Wege betrachteten Pseudorealitäten zur Lösung seines hauptsächlichen Existenzproblems.

Wenn er somit eine neue Erfahrung der Fülle seines Seins erkennt wird er nicht mehr zu den alten Mustern zurückkehren, die ihn Äonen lang gemartert haben und ihn in einem Kreislauf der Pseudoerfüllung gefangen hielten, der stets neue Erfahrungen forderte, um befriedet zu werden. Wenn der der Fülle per se gewahr wird braucht er keine Pseudoerfahrung mehr und er ist frei. Er hat seine kaleidoskophafte Stauberfahrung von einem Sandschloss zum anderen durch reale Permanenz ersetzt und seine tiefste Sehnsucht nach Sein erfüllt. Der Ozan des Seins hat seine abgrundtiefe Leere erfüllt. Sein Problem ist gelöst - im Wege der die Leere ergänzenden Transzendenz unendlichen Seins. Der neue Wert lässt die alten vergessen und begründet eine neue Gesellschaft des interindividuellen und intergruppen Friedens, weil die Wege der Erfüllung der Leere durch Pseudorealitäten nicht mehr erforderlich sind.

Die die Impermanenz und ihre Makel und Konsequenzen transzendierende Erlangung der konfliktfreien Fülle scheint ein wesentlicher Tenor menschlichen Lernens für die Zukunft sein zu müssen, sodass man sich die Fülle nicht durch Streit zu erschleichen suchen muss, sondern sie durch Erkenntnis und Entwicklung seiner selbst findet.

Keine Weltanschauung säkularer oder transzendenter Art wird dabei um die Gottesfrage herumkommen, denn er ist der Allerfüller, dessen Geist das All sprichwörtlich erfüllt und somit alle seine Bestandteile, wenn sie dies zulassen und nicht durch ihre Pseudorealitäten verhindern, obschon sie nur zeitweilige Erfüllung schenken können.

Und die Vollendung der Erfüllung kann dann erlangt werden, wenn ein Gleichklang zwischen menschlichem Abbild und göttlichem Urbild entsteht. Dann entsteht volle Teilhabe am Allerfüllenden, das das Abbild somit vollauf, jenseits aller Erfüllungsbedürfnisse durch Menschenhand, Vernunft und menschliche Artefakte gleich welcher Art, erfüllt. Deshalb geht es in unserer Zivilisation und ihren Lernprozessen vor allem darum, den zu identifizieren, der von sich gesagt hat: „Wer mich gesehen hat, hat den Vater gesehen." Sich ihm nähern heißt, sich der Fülle in ihrer Absolutheit nähern und die höchste Stufe der Erfüllung erlangen, von denen es viele gibt und die entsprechend ihrem Grad der Erfüllung den Menschen und seine Beziehungen bedingen.

Das Geheimnis menschlichen Lernens im psychologischen Sinn besteht also in der Begegnung mit seinem Urbild über und in Christus, denn, so sagt die Bibel: „Niemand kommt zum Vater, außer durch den Sohn." Das Urbild und die Vollendung sind also, was unserer Zivilisation anbelangt, nur durch Christus möglich. Und er hat diese, alle Limitationen der Existenz transzendierende Erlösung durch sein Erlösungswerk des Menschen möglich gemacht. In meinen anderen Schriften werden auch anderskulturelle Wege zu einem vergleichbaren Ziel, sowie deren wissenschaftlich fundierte Integration thematisiert.

Auf diese Weise kann die Diskrepanz zwischen technischem und psychologischen Lernen und Entwicklung überwunden werden und das Ziel integraler menschlicher Hinentwicklung zu konfliktfreien Gesellschaften und menschlicher Beziehungen verwirklicht werden.

Wenn Gott dem Menschen die Gnade zuteilwerden lässt, dass sein Abbild das Urbild und somit seine Fülle und Vollendung erkennt, wird dies geschehen, doch wann und in welcher Form dies geschieht, obliegt allein dem Ratschluss seines Schöpfers. Der Mensch erkennt den Sachverhalt, aber zögert, seine eigenen falschen Perlen gegen den kostbarsten Edelstein einzutauschen. Indes beten einige inständig, dass der Gleichlang von Abbild und Urbild sich vollziehen möge, den die Mystik vorwegzunehmen gedenkt. Und der christliche Mensch betet, wie es Christus gelehrt hat, i.e. „...wie im Himmel, also auch auf Erden...." In der Begegnung des Himmels und der Erde gewinnt der Mensch seine Fülle und seine Impermanenz und Limitation endet. Der Lernprozess ist vollendet.